JN097836

## 炎上

ネット上で、特定の人物などに対して、批判や誹謗中傷が集まり、収まりがつかなくなる状態のこと。

## アプリ（アプリケーションソフト）

SNSやゲーム、動画やチャットなど、特定の目的のためにつくられたソフトのこと。「アプリ」はアプリケーションソフトの略で、スマホやタブレット、パソコンにダウンロードして使う。

## コミュニケーションアプリ

1対1の相手やグループにメッセージを送って、おたがいの考えや気持ちを伝え合えるアプリ。アプリ上の会話を「トーク」「チャット」などとよび、通話できるものが多い。日本では主に「LINE」とよばれるものを利用している人が多く、あいさつや感情などをかんたんに相手に伝えることができるスタンプも人気である。SNS同様、動画や写真を送ることもできる。

## ダウンロード

ネット上の画像などのデータをスマホやパソコンへ受信することをいう。

## アップ（アップロード）

スマホやパソコンから、ネット上に画像などのデータを送信することをいう。

## 課金

アプリの運営会社などが、サービスを利用した人に対して、サービスの利用に料金を請求すること。また、ゲームアプリなどで、アイテムを手に入れたり、追加のサービスを受けたりするために、利用者が運営会社にお金を払うことも「課金する」ということが多い。

「リスク」を知って、

「自分」を守る！

# スマホマインドの育てかた

## 社会とのコミュニケーション

～著作権侵害、ネット上のデマ・トラブル～

監修＝**竹内和雄**

兵庫県立大学環境人間学部教授

保育社
HOIKUSHA

# もくじ

※本書の内容は、制作時点（2023年11月）のものであり、
今後変更が生じる可能性があります。

# はじめに

　テレワーク、キャッシュレス決済、ネット通販……。私たちの生活は、ネットのおかげでずいぶん便利になりました。また内閣府※によると、2歳児の6割以上がネットを利用し、政府のGIGAスクール構想で、小学校1年生から学校で情報端末を利用しています。

　これらを見てみても私たちの社会が、ネットの利用に大きく舵を切ったことがわかります。以前は、「子どもたちを危険なネット社会から守る」ことに大人は一生懸命でした。基本スタンスは「制限・禁止」です。それがここにきて、方針が「利活用」に大きく変わったため、多くの大人は戸惑っています。

　そういう時期に刊行される本書の役割は大きいです。しかも本書には、「スマホマインド」が貫かれています。この言葉には「スマホを賢く使いこなすための心得」という意味がこめられています。そして、賢く使いこなすためのヒントが随所にちりばめられています。

　とはいえ、私たちの社会はまだ、子どもたちが安心してネットを使える環境をつくることができていません。著作権侵害、誹謗中傷、デマの拡散、ワンクリック詐欺……。マスコミには連日、この種の話題があふれています。

　本書には、そうしたトラブルに巻きこまれないためのポイント、心得がしっかり書かれています。実話をもとに構成されているので、地に足のついた内容です。

　十代の皆さんは、これからさらに進んだ高度情報化社会を生き抜いていかなければなりません。本書は、今あるトラブルについてはていねいに対応していますが、これから皆さんが経験する社会では、今の私たちには想像がつかないくらい新しいことが起きるはずです。ですが、形が変わっても、起きることの根本は同じです。

　そういう意味でも、本書をただ漫然と読むだけでなく、自分ならどうする、どういうことに気をつけたらよいか、「自分ごと」として、自問自答をくり返しながら読むとスマホの「リスク」から自分を守るのに、より一層効果的です。

兵庫県立大学環境人間学部教授　竹内和雄

※令和4年度 青少年のインターネット利用環境実態調査 調査結果（速報）令和5年2月 内閣府

# おもしろいマンガを
# SNSにアップしただけなのに

翌日
月曜日

ハルト！！
どうしたの！？

おは……よ

どうした？
どうした？

キーン
コーン
カーン
コーン

昨日の夜、ツーピースのおもしろかったページを1ページSNSに投稿したら非難のコメントがたくさん来てて……

感謝のコメントも来てたんだけど

「著作権侵害だ！！！」「今すぐ削除しろ！！」って大勢の知らない人から言われて急いで消したんだ……

ハルトツーピースの大ファンだもんね

おもしろさを共有したかったんだよね

あ！ココロン！！

はあ

ぐす

ぐす

ぼくは大好きなマンガをもっと多くの人に読んでほしかっただけなんだよ！！

ハルトくんは好意でやったのになぜ非難を受けるのか納得がいかないんだね

今は自分が思ったことを発信できる場がたくさんあるけれど、マンガや映画や音楽などの作品を投稿する場合、気をつけないといけないよ

# ハルトくんがマンガを
# SNSに投稿したことは
# 「著作権侵害」だと思う?

リコ

思わない。作品をけなしたわけじゃないし、むしろ「おもしろい」ってほめているんだから、宣伝になっていいと思う。

全ページをのせたら、マンガが売れなくなるという問題があるかもしれないけれど、1ページならいいと思うな。

ケンセイ

コハル

でもそれを描いた作者本人がいやだ、と言ったら、だめなのかな。

## ココロンからのアドバイス

たしかに作品をけなしたわけではないし、投稿したのは1ページ。だけどコハルさんが言うように、マンガにはその作者がいる。音楽、写真、映像なども同じだよ。作品をどのようにあつかうか決める権利「著作権」は、つくった人にある。これは「著作権法」という法律に定められているんだ。だから今回、ハルトくんが作者に無断でアップしたことは、違法なんだ。知らないうちに法律違反をしていたということがないように、投稿する前によく考えよう。

## こんなことに気をつけよう

### なぜのせてはいけないのか考えよう

もし、みんながマンガを勝手にコピーして、ネットにアップしたら、お金を出してマンガを買う人は減ってしまうでしょう。そうすると作者のもとに入るお金は減り、マンガ家として仕事を続けるのがむずかしくなってしまいます。マンガ家がいなければ、私たちも新しい作品を読むことはできません。音楽、写真、映像などにも同じことがいえます。

著作権法は作者を守ると同時に、豊かな文化を守る法律でもあるのです。無断で作品をアップするのはやめましょう。

勝手にネットにのせてはいけないものがたくさんあるよ。

## 無断でネットにアップしてはいけないものの例

CDに収録されたり配信されたりしている音楽の音源

ネットにのっていた画像

小説やマンガの中身

テレビ番組の映像・写真

---

## 中学生でも逮捕される －著作権侵害－

著作権法で守られているマンガ、音楽、写真、映像などをアップロードすることは、「著作権侵害」という犯罪にあたり、2年以下の懲役または200万円以下の罰金となります。

2010年には人気のマンガを撮影し、著作権者に無断で動画サイトに何度もアップしていた男子中学生が逮捕されました。法律に違反すれば未成年であっても罪に問われることがあります。絶対にやめましょう。

マンガのアップロードを続けていましたね。

# 正しい紹介のしかた

## 掲載許可をとる

どうしても作品をネットにアップしたいときは、著作権をもっている人「著作権者」に許可をとりましょう。許可をとるには次のような手続きが必要です。

### ① 著作権者に連絡をとる

本やマンガの場合は出版社にメールや電話で連絡をして、作品を使用したいことを伝えます。音楽はほとんどの場合、JASRACという団体が管理しています。ネットにアップされている写真や動画は、撮影した人を調べ、連絡をとってみましょう。

緑泉社ご担当者さま

はじめまして、私は〇〇といいます。カナデール先生の『氷とワルツ』が大好きです。私のSNSに最新刊の50ページの画像をのせたいのですが、許可をいただけないでしょうか?

無断で画像を加工したり、音楽をアレンジしたり、著作物のかたちを変えたりすることも著作権の侵害になる。手を加えたいときは、最初にそれを伝えよう。

### ② どんな条件なら使っていいのか確かめる

作品を使うときには、使用料を払うなど、いくつか守らなくてはならないルールがあります。どうしたら作品を使えるのか必ず確認して、それを守るようにしましょう。

### ③ クレジットを入れて掲載する

ネットにアップするときは、作品の名前、作者名を入れ、きちんと許可をとっていることも書きそえます。また、見た人に無断で転載されないように、「無断転載禁止」ということも示しておきましょう。

イチカ

#カナデール作『氷とワルツ』(緑泉社)より
#掲載許可取得済み
#無断転載禁止

ハッシュタグ※(#)をつけるのもひとつの方法だね。

※言葉やフレーズの前に「#」をつけるラベルのことです。これによって、投稿がなんのトピックについて書かれたものなのか明確になります。

## 著作権には例外がある

　本やマンガを自分ひとりで楽しむときや、学校内の活動に使うときであれば、作品を無許可でコピーできることがあります。ただし、その場合も、なんでも許可されているわけではありません。

### 個人的に使用する場合

ＣＤからパソコンに音楽をコピーしてきく。

テレビ番組を録画して家族で見る。

### 学校で使用する場合

先生がつくったプリントのなかで小説の文を使用する。

新聞をコピーして授業で使う。

### 学校内での活動で気をつけること

**問題集を1冊だけ買って、クラス全員にコピーして配る**

問題集はひとり1冊ずつ買うことを前提につくられています。コピーして配ると、出版社の収入が減ってしまうので、認められません。

**アーティストの楽曲に合わせてダンスしているところを撮影して、ネットにアップ**

ただ演奏したり、学校の文化祭で発表したりするだけなら許可はいりませんが、ネットにアップすると大勢の人の目にふれるため、許可が必要です。

# 軽い気持ちで感想を書いただけなのに

ヒロトのファンの間で
まりまりのことを書いている
掲示板があったから私も思った
ことを書いてやったの！！

ドヤッ

へ〜！！ こんなの
あるんだ！！
私も書こうっと！！

コハルも
書きなよ！！

私かわいいでしょ
アピールスゴすぎ〜

へえ〜っ

うん！！
ヒロトは
みんなのヒロト
だもんね！！

ポンッ

ヒロトに
こびて
いるように
見える

翌朝テレビをつけると……

公式ホームページによると
まりまりさんは連日の
誹謗中傷に心を痛め
芸能活動を続けられる
状態ではないということです

アイドル
まりまりさん活動休止

うそ！！ そんな……

でも私以外にも
たくさんの人が
書いてたし……

私は……
感想を書いた
だけだもん

それに
誹謗中傷って！
ただの感想なのに！
まりまりは
有名人だし
しかたないじゃん

コハルさんは感想を
書いただけって
思っているんだね

それに有名人が
ある程度悪口を
言われるのは
しかたないと感じて
いるのかぁ……

みんなは
今回のケース
どう思う？

11

# 掲示板サイトに悪口を書きこむのは「誹謗中傷」になると思う？

**ハルト**

あまりいいことではないけれど、なるとは言いきれないと思う。一般の人とちがって有名人はまわりからいろいろ言われてもしかたがない職業だし。言われた人は無視したらいいんじゃないかな。

ぼくはなると思う。直接悪口を言ったわけではないにしても、目にしたら傷つくし。相手が有名人でも言ってはいけないことはあるよ。

**ケンセイ**

**リコ**

私もなると思うな。掲示板サイトだと、みんな本名をかくして書くから、言葉もきつくなるし、本当かどうかわからない情報もあるよね。それを見て、さらに悪口を書きこんでしまう人もいるから、気をつけたほうがいいと思う。

**ココロンからのアドバイス**

リコさんの言うように、ネットへの書きこみは「匿名」（本名をかくして、ちがう名前を使うこと）でもできてしまうので、感想をこえて、根拠のない悪口「誹謗中傷」に発展しやすいんだ。
ネットに書きこむ悪口は、たくさんの人の目にさらされるもの。場合によっては、罪に問われることもあるよ。有名人でも、一般人でも、ネットでの悪口の書きこみは、絶対にやめよう。

## こんなことに気をつけよう

### 感想と誹謗中傷はちがう

多くの人の前に立つことが多い有名人は、さまざまな意見をもらうことがあります。

ある有名人が出演した作品を、どう感じるかは人によってちがいますし、自分の考えをのべることも自由です。けれども相手の人間性を傷つける言葉や言いかたは、感想ではなく誹謗中傷にあたります。

匿名の投稿では、ついつい言葉がきつくなりがちです。もし自分の名前を出していても同じことが言えるか、深呼吸をしてよく考えてから、投稿しましょう。

好みは人それぞれだよね。きらいだからといって、相手を攻撃していいにとにはならないよ。匿名で書いても被害者が「開示請求」という手続きをとれば、だれが発信したかつきとめられる。訴えられたり逮捕されたりすることもあるよ。

### 感想

アイカが出ている映画、ちょっとイマイチ。前の映画のほうが好きだな

映画に対して、自分が感じたことや考えをのべている。

### 誹謗中傷

アイカの映画最悪。主役がブスだからしかたがない

映画の感想だけではなく、主役の俳優個人を正当な理由なく攻撃している。

## 「みんなが言っているからOK」ではない

大勢の人が悪口を言っていると、自分も悪口を言ってもいいような気がするかもしれません。

けれどもそんな投稿が集まれば、言われた相手は世界中の人から悪口を言われているように感じ、大きなダメージを受けます。

食欲が落ちたり眠れなくなったりして心身をこわし、仕事を続けられなくなってしまうかもしれません。

有名人であっても一般人であっても、絶対に悪口の書きこみはやめましょう。損害賠償金を請求されたり、「名誉毀損罪」、「侮辱罪」という罪で罰せられたりすることもあります。

# ケース3 ちょっとふざけて投稿しただけなのに

ナオトさん（大学2年）は飲食店でアルバイトをしています。

店長が休みのある日、閉店後にひとりで店に残っていたナオトさんは、友だちをバイト先によび、キッチンのなかを案内しました。友だちはおもしろがって冷凍庫のなかに入り、肉のかたまりを持って写真を撮影。その画像をSNSに投稿しました。

潜入してみた

♡ ◯ ▽

肉にさわっている。ちゃんと手は洗ったの？

関係ない人が勝手に入ってて、この店、大丈夫？

こいつの名前は……

その投稿は拡散され、「肉にさわっている。ちゃんと手は洗ったの？」「関係ない人が勝手に入ってて、この店、大丈夫？」といった書きこみがあいつぎました。お店やナオトさん、友だちの名前もつきとめられ、ネット上にさらされました。店長はカンカンに怒って、ナオトさんはバイト先をクビになってしまいました。

その場のノリで悪ふざけの様子を撮影して、投稿してしまう人が多いようだ。でも、それが拡散されると個人が特定されて、激しいバッシングを受けたり、損害を受けた金額を店から請求されたりすることもある。「厳しすぎる」と思うかもしれないけれど、自分が悪いことをしてしまった以上、言い訳は通用しないんだ。悪ふざけをしないことはもちろんだけど、それを投稿するのはやめよう。

## こんなことに気をつけよう

### 断る勇気をもとう

そもそも人に迷惑をかけたりいやな気持ちにさせたりする悪ふざけはしないことがいちばんです。友だちに誘われても、断るようにしましょう。ましてその様子を撮影したり、ネットにアップしたりするのはやめましょう。悪ふざけをするように無理強いされたときは、大人に相談しましょう。

### 見つけたら削除をすすめる

悪ふざけ動画や写真を見ると、「こんなの許せない」という思いから拡散する人がいます。いったん動画や写真が広まると炎上し、投稿した人の本名や住所、学校名が特定され、さらされることがあります。投稿の内容によっては、**損害賠償金**を請求されたり、学校を停学、退学になったりとおおごとになることもあります。
友だちが悪ふざけ動画や写真を投稿していたら、広まる前に削除するようにすすめましょう。

悪ふざけ動画や写真が出回って注目されると、それをまねしてアップする人が出てくる。拡散してもいいことはないんだ。拡散は絶対にやめよう。

---

## 悪ふざけで多額の損害賠償請求も

2013年、飲食店でアルバイトをしていた大学生が店の食器用洗浄機に入り、バイト仲間にその様子を撮影させて、SNSに投稿しました。投稿は拡散され、飲食店には「きたない！」など批判があいつぎ、閉店に追いこまれました。
店側は悪ふざけをしたアルバイトたちに対して1385万円の**損害賠償金**を請求し、アルバイトたちは最終的に200万円を支払うことになりました。
このほかにも悪ふざけを行い、動画をアップした人たちが損害賠償金を請求される例は、たくさんあります。

# 一度の悪ふざけで一生が台無しに

## 投稿はネットに残り続ける

いったん悪ふざけ動画や写真をアップすると、あとで心から反省して動画や写真を削除しても、ネット上に残り続けてしまうことがあります。

動画や写真を見た人が、それをコピーして、別のサイトにアップしていることがあるからです。タトゥー（入れずみ）のように、なかなか消すことができないことから、「デジタルタトゥー」とよばれます。

ひどいヤツだ許せない。拡散してやる！

鍵つきのアカウントに匿名※で投稿しても、すぐに広まって、個人が特定されてしまう。ネット上では「絶対にバレない」ということはないんだよ。

※SNSの投稿を特定の人にしか見られない状態に設定したアカウントのことを指します。

## こんな投稿にも気をつけて

水着姿やはだかの写真など、大勢の人に見られてはずかしい写真はアップしないでください。友だちや恋人が知らないうちにアップしてしまうことがあるので、他人に送らないようにしましょう。

調子にのるんじゃねーぞ！

キモイ、ウザイ

消えろ！

特定の人を誹謗中傷する投稿やいっときの感情にまかせて書いた投稿によって、「暴力的な人」という印象がついてしまうこともあります。**侮辱罪**にあたることもあるので投稿するときの言葉づかいには十分注意しましょう。

## とってもこわいデジタルタトゥー

デジタルタトゥーとして残った投稿は、5年、10年たったあとでも大勢の人に見られてしまう可能性があります。

将来、働きたい会社のスタッフや恋人に見られて、就職や結婚が望むとおりにできなくなってしまうかもしれません。

ぼくの名前で検索すると、10年前の悪ふざけ動画が今も出てくる。事実でないこともたくさん書いてある……。

**例1 就職しようとしても……**

この動画に映っているのは彼か……。こんなことをする人はうちではやとえないな。

**例2 プロポーズしても……**

こんな人だとは思わなかった。さようなら。

悪ふざけ動画や写真は、人に迷惑をかけるだけではなく自分の人生も台無しにしてしまうことがあるといことを忘れないで!

子どものときにしてしまったことが、大人になってずっと残り続けるなんて……。後悔したくないから、絶対にしないようにしなきゃ!!

# 友だちや家族に教えて あげたかっただけなのに

# うその情報を どうしたら広めないですむ?

コハル

なんとなくだけど言葉づかいが大げさなものは、なんかデマっぽい気がする。今起きていることのように投稿しているけど、はってあるリンクがすごく古い記事だってこともあるよ。よく見ると、おかしいってわかる。

ケンセイ

「友だちの友だちから聞いた」とか最初に発信した人がだれだかわからないと、デマだと思う。本当かどうかよくわからないときは、まわりの大人に確認したほうがよいのでは? 確認せずにSNSで拡散しないようにしなきゃ。

ハルト

新聞にのっていないこととか、テレビのニュースで言っていないことは信じないのがいちばんということじゃない?

## ココロンからのアドバイス

ネット上の書きこみにはデマやうわさ、思いこみで書かれたものがまぎれている。まずはその情報を発信している人はだれで、その人はどこで、どうやってその情報を手に入れて流しているのか、よく調べることが大切だよ。不確かな情報は、絶対に拡散しないで。

## こんなことに気をつけよう

### 発信した人を確認する

ネットにはいろいろな情報があふれています。役に立つ情報もたくさんありますが、まちがったものや、うその情報もまぎれています。だれが発信しているか、どうやってその情報を知ったのかよく読んでみましょう。よく読むと、発信している人がだれかわからないものがたくさんあります。不確かなときは、ほかに同じ情報を伝えているサイトがあるか調べてみましょう。

下のふたつはどちらもニュースのサイトだけど、右のサイトの情報は信頼できるものとはいえない。正しい情報とまちがった情報がまざっていることを忘れないで!

### 信頼できる記事

アイカとヒロが結婚を発表!

アイカとヒロが結婚することを、6月30日、おたがいの事務所が発表した。アイカの事務所の〇〇社長は取材に対し、・・・・・・・・・・・・
・・・・・・・・・・・・・・・・・・
・・・・・・・・・・・・・・・・・・

（毎朝新聞　山田のぞみ）

記事を書いた人がだれか、どこに所属している人なのかがはっきりと書いてある。

実在する事務所の発表をもとに記事が書かれたことがはっきりしている。

### 信頼できない記事

ミュージシャンのヨースケが過去に万引きしていた!

ヨースケの中学時代の同級生によると、「ヨースケは、非行少年として有名だった。近所のコンビニで仲間と万引きをくり返していた」とのことです。

にゃんた

記事を書いた人がだれかわからない。

同級生といった第三者が確かめることができない人の話をもとに書いている。同級生が実在する人か、その人が本当のことを言っているか確かめられない。

### 不確かな情報は無視する

ネット上で出回るデマのなかには、「お湯を飲むと、がんが防げる」、「〇〇を食べると3日でやせる」など、一見、役に立つ情報のように見えるものもあります。けれど、根拠のない情報が多く、役に立たないばかりか害になることもあります。
こうした情報を見てもSNSに投稿しない、だれかが投稿していても、事実を確認できないかぎり拡散しないのが大事です。

地震が来ると聞いて、食料を買いに来たけど……。

## ほかの人の意見も読んでみる

テレビや新聞の情報とはちがって、ネットでは自分が知りたい情報だけを検索して、見ることができます。
けれども検索のしかたによっては、自分の考えに合った情報だけが表示されることがあります。また、いくつもの情報が表示されても、結局自分の考えに近いものを選んでしまいがちです。その結果、自分が考えていることだけが正しいと思うようになり、反対の意見をもつ人のことを受け入れられなくなってしまいます。
自分の考えに合ったものだけでなく、ほかの意見を探して、読んでみることが大切です。

## 記事の中身をよく読もう

SNSには、さまざまなニュースの記事のリンクが投稿されます。こうした記事のタイトルだけを見て、「こんなことが起きているんだ」と知ったつもりになったり、拡散したりする人もいます。けれども記事の内容が信頼できるものではなかったり、タイトルから想像する内容と中身がちがっていたりすることもあり、結果としてデマを広めてしまっていることがあります。タイトルだけではなく中身もきちんと読むようにしましょう。

---

## デマを流して逮捕 －偽計業務妨害罪・名誉毀損罪－

　2016年4月の熊本地震のときに、「動物園からライオンが逃げた」というデマがSNSに流れました。投稿には市街地にいるライオンの画像もありました。動物園には市民から状況を確認するための電話が100件以上も寄せられ、職員は対応に追われることになりました。警察はこの投稿をした人を、動物園の業務を妨害したとして偽計業務妨害罪の疑いで逮捕しました。
　2019年には東京で会社を経営する女性がある事件に関わったというデマが、動画サイトやSNSに流れました。女性は名誉毀損罪で投稿した人を訴え、投稿者は裁判所から賠償金の支払いを命じられました。

# デマを見分けるには

## 言葉づかいに注意

デマを流す人のねらいは、投稿が拡散されること、注目されることです。そのため、人の目をひくような強い言葉や不安をあおる言葉を使うことがよくあります。次のような言葉を使った情報には気をつけましょう。

友だちや身近な大人から教えてもらった情報でも、その人がまちがっていることもありえるよ。相手がだれであっても「本当かな？」と考えることは大切だよ。

### 【 気をつけたほうがよい言葉の例 】

「拡散お願いします」

投稿を広めて、混乱させることをねらっている。

「危険！ すぐに逃げて」

わざと不安をあおるようなことが書いてある。

「メディアでは絶対に伝えないけれど」

大きなメディアに対する不信感をあおって、かくされた事実があるかのように見せている。

「〇〇らしいよ」

根拠となる情報源がない状態で、よく確かめもせずに「こんな話もあるよ」と気軽に広めている。

## 画像があっても信じないで

2022年9月台風が接近したときに、「静岡県の大部分の地域が水没している」といった、にせの情報がSNSに流れました。
投稿にはドローンで撮ったという画像がありましたが、これはAIがつくった、にせの画像でした。
画像や動画のある投稿は、一見本当のことを伝えているように見えますが、AIで作成したり、以前ネット上にアップされたものをコピーしたりして、あたかも今起きていることのように、見せることもできます。
画像や動画があっても、まずは「これは本当かな？」と疑ってみることが大切です。

洪水発生!!

テレビのニュースでは報道されていないけど。

SNS映えしそう！絶対行きたい。

絶景の湖!?

行ってみると……

画像は加工されていたのね……。

# ただタップ
# しただけなのに

みんなで考えよう！

# かんちがいでもタップして、契約してしまったら、お金を払うべき？

リコ

不注意でタップしてしまったのなら、サイトに「まちがいでした」と話してキャンセルできないのかな？　理由を話せばわかってもらえて、払わなくてすむんじゃないかな。

前にネットで文房具を買ったとき、個数をまちがえて買っちゃったことがある。商品が届いて気づいたんだ。親に注意されたけど、「しかたないから」とお金を払ってもらった。ネットだとキャンセルはむずかしいのかなと思う。

コハル

ハルト

わかんないなあ……。はずかしいけど、親に聞いてみるしかないんじゃない？　でもぼくもやっぱり親には言えないかも。

## ココロンからのアドバイス

今回のケンセイくんのケースのように、無料と思わせてタップさせ、とつぜん高額な料金を請求するサイトはよくある。相手に契約が完了したと思わせて、お金をだましとろうとする「ワンクリック詐欺」というものだ。ワンクリック詐欺の場合は、実際には契約が成立していないので、サイトが請求するお金を支払ったり、連絡したりしなくていいんだよ。

# こんなことに気をつけよう

## あわてて連絡しない

急に高額なお金を請求されると、だれでもあせってしまうものです。まずは深呼吸をして、冷静になるようにしましょう。

高額な請求をするサイトの画面には、「キャンセルしたい場合はここに連絡をするように」と電話番号やメールアドレスが表示されていることもあります。これはあなたの電話番号やメールアドレスなどの個人情報を入手するのがねらいです。また何度も払うようにメールなどがくるケースもあるので、絶対に連絡しないでください。

## 保護者に相談しよう

心配なときはすぐに保護者に相談しましょう。話しにくいかもしれませんが、しつこく請求がきた場合は、ひとりでかかえこまず、正直に相談することが大切です。

悪質な場合は保護者といっしょに法律の専門家である弁護士に相談すると解決できることがあります。

## 消費者ホットラインに電話

「どうしても親には相談できない」という人は、契約トラブルの相談にのってくれる、消費者ホットラインに電話をしてみましょう。

「188」に電話をかけて音声ガイドに従い、自分の住んでいる地域の郵便番号を入力すると、近くの消費者ホットラインにつながり、相談にのってもらうことができます。

たとえおこづかいで払える金額だとしても払わないで！まずはだれかに相談してみよう。

自分ひとりで解決しようと思わないことが大事なんだね。

どうしましたか？

実は……

# 好きなアーティストの曲を無料で楽しめると思ったら

イチカさん（中学2年）は、好きなアーティストの音楽を無料できけるサイトを見つけ、曲をダウンロードしました。

けれどもお母さんに見せると、「それは違法サイトよ。削除しなさい」と言われました。

イチカさんはおどろいて、すぐに削除しましたが、それからイチカさんのスマホは勝手に何度も再起動をくり返すようになりました。

画面には「あなたのスマホはウイルスに感染しています。元にもどすにはお支払いが必要です」というメッセージがたびたび表示されます。

アーティストの写真が大きくのっていたし、おかしなサイトには見えなかったんだ。こんなことになってものすごく後悔。きちんとお金を払って曲をきけばよかった……。

ネット上には、海賊版サイトといって人気アーティストの音楽やマンガを作者に無断でアップロードしているものがある。
こうしたサイトは無料のものが多くて、
ついダウンロードしたくなるかもしれない。
だけど無料のサイトからダウンロードすると、ウイルスに感染したり、
個人情報をぬきとられたりする可能性があるんだ。
それに著作権を侵害しているという問題もあるよ。

## こんなことに気をつけよう

### むやみにダウンロードしない

音楽やマンガ、映画などの作品を、作者に代わって管理している公式サイトは、有料で運営されているものがほとんどです。公式サイトでは、利用料の一部を作者に支払っています。

これに対し無料で運営されているものは、作者に無断で作品をアップしていることがよくあります。みんながこうしたサイトを利用すると、作者にお金が入らず、活動を続けていくことがむずかしくなります。

こうしたサイトからコンテンツをダウンロードすることも**著作権侵害**にあたります。絶対に利用しないようにしましょう。

> 違法と知りながら、ダウンロードしてしまった場合は2年以下の懲役または200万円以下の罰金、もしくはその両方を罰として受けることになるよ。
> もしまちがってダウンロードしてしまった場合はすぐに削除しよう。

### 公式サイト

ダウンロードされるとその分、著作権をもっている人にお金が入る。

### 違法サイト

ダウンロードされても、著作権をもっている人には一切お金が入らない。

### 安全なサイトを示すマーク

作品を配信しているサイトは多数あり、すべての無料サイトが違法で、有料サイトなら安全ともいえません。安全なサイトを見分ける方法のひとつとして、次のようなマークが表示されているか確認してみましょう。

レコード会社や映像制作会社と、きちんと契約を結んだうえで、音楽や映像を配信しているサイトには、「エルマーク」の表示があります。同じように、著作権者の許可を得て出版物を配信しているサイトには「ABJマーク」が表示されています。
ダウンロードする前に、こうしたマークが表示されているかどうか確かめましょう。

#### エルマーク

音楽や映画などの配信コンテンツを正しく利用するためのマーク。公式サイトのページの下のほうなどにこのマークが表示されている場合は安心して利用できる。

視聴のみできる
正規コンテンツです

ダウンロードできる
正規コンテンツです

転載もできる
正規コンテンツです

マークを見れば許可されている内容がわかるようになっている。

一社) 日本レコード協会 提供

#### ABJマーク

電子書店・電子書籍配信サービスが、著作権者からコンテンツ使用許諾を得た正規版配信サービスであることを示す登録商標。マンガなどの海賊版サイトによる被害を防ぐための目印で、このマークがあるサービスは著作権者に対価がきちんと支払われていることを意味している。

# こんなことも法律違反になる

「みんなやっているからOK」ではありません。だれもがスマホでよくやっていることでも法律に反していることがあります。場合によっては、**損害賠償金**を求められる可能性もありますので、十分に気をつけましょう。

## 例1

### アーティストの写真をSNSのプロフィール写真に使っている

人の写真を勝手に使用することは、撮影した人の著作権と、写っている人の「肖像権」（自分の姿を写真に撮られたくない、それを公開されたくないと断る権利のこと）を侵害することになります。

推しの写真、アイコンにしよ！

## 例2

### アニメのキャラクターの絵を描いてSNSにアップした

個人で絵を描いて楽しんだり、まわりの人に見せたりすることは問題ありませんが、SNSにアップすることは著作権の侵害にあたります。

ツーピースのキャラがうまく描けたから、SNSにアップしようと思っていたんだけど……。

## 例3

### 友だちがつくった工作の写真を本人に無断でSNSにアップした

プロの作品でなくても、作品はすべて、つくった人に著作権があります。その作品をどのように使用するかは著作権をもっている人だけが決められます。

○○カナデ

○○カナデ

友だちがつくった人形。かわいい♡

## 例4

### 人気のダンサーと同じ振りつけでダンスしている映像をネットにアップした

ダンスの振りつけにも著作権はあり、振付師が著作権をもっています。ネット上にアップするときには、振付師の許可をとったほうがいいでしょう。

MARIのダンス踊るから、動画とってアップして！

SNSにアップしなくても不特定多数の人の前でほかの人がつくったダンスを踊るときも著作権者の許可が必要だよ。

## 例5

### 人気のゲームのゲーム実況動画をアップした

ゲームは、ゲーム会社が著作権をもっています。動画をアップすることでゲームの攻略法がわかり、ゲームが売れなくなってしまう可能性があることから、会社によってはゲーム実況動画をアップすることを許可していないところがあります。自分がアップしたいゲームの著作権をもっている会社の方針を確認しましょう。

## 例6

### 美術館の絵を写真撮影して、SNSにアップした

芸術作品の写真をSNSにアップし、大勢の人の目にふれるようにすることは著作権の侵害にあたります。多くの美術館では撮影を禁止していますが、一部の施設や展覧会では、撮影を認めているところもあります。撮影する前によく確認しましょう。

許可されているかどうかを必ず確認することが大事だね！

31

# ケース 4 ネットで買いものをしたら

ソウさん（大学1年）は、ずっとほしかったブランドのバッグを格安で売っているサイトを見つけました。さっそく買ったソウさん。商品が届くのを楽しみに待っていました。

3日後、商品が届きましたが、よく見てみると文字がちがっていて、バッグの革もペラペラ。届いた商品はにせものだったのです。すぐに返品をしようと、取りあつかっている会社に電話をかけましたが、何度かけても応答がありません。

ずっとほしかったバッグだから、チャンスと思って、すぐに買ったんだ。こんなことになって、すごくショック。よく考えればこんなに安いはずないよね。

即買い！

半額セール
¥5,000

なんか ちがう…

ネットショッピングはいつでもどこでも買いものできるよさがあるね。でもなかには悪いお店もあって、「写真とちがう商品が届いた」、「お金を払ったけど、商品が届かない」ということもあるよ。買いものする前に、お店の情報をよく読んで、信頼できるお店かチェックすることが大切だ。未成年のうちは、保護者といっしょに買いものするようにしてね。

# こんなことに気をつけよう

## 安いからといって飛びつかない

お店での買いものとちがって、ネットショッピングでは、実際に自分の目で商品を確かめることができません。商品の写真が掲載されていても、実際の商品と色味や素材がちがうということはよく起こります。

悪質なサイトは人の目をひくように、人気の商品の写真に極端に安い価格をつけて掲載し、購入金額をだましとっています。価格が安すぎる場合は、すぐに購入するのではなく、35ページのリストをチェックして、問題ないか確かめてみましょう。

5000円の商品が500円。
安すぎてあやしいな。

5000円が… 500円！

## 入力は慎重に

ネットショッピングではお店での買いものとちがい、商品を手にとることができないため、入力のミスで必要以上にたくさんの商品を買ってしまうことや、ほしかったものとちがう商品を買ってしまうことがあります。

入力は慎重に行い、注文を確定する前にまちがいがないかよく確かめましょう。

## フリマアプリでの買いものにも注意

使わなくなったものをネット上で出品し、その商品をほしい人が購入するフリマアプリ※を利用する人もたくさんいます。

だれでも気軽に出品できるフリマアプリは、商品の情報が少なく、取引が完了してしまうと返品ができないため、購入前によく確認することが大切です。

アプリに表示される出品者の評価、商品到着までにかかる期間、商品の状態の説明などをよく読みましょう。わからない点があれば、出品者にメッセージを送って確かめることもできます。

※「フリーマーケット」をアプリ上でできるサービスのこと。

### 【 出品者の評価例 】

高い評価を得ている

さあや
★★★★★ 520

フォロワー　38　フォロー中

【しみあり】ニットカーデ
2〜3日で発送

商品の状態や発送期日が明記されている

## 保護者の許可なく購入しない

ネットショッピングはトラブルが起きやすいので、必ず保護者にサイトや注文の内容を確認してもらったうえで商品を購入するようにしましょう。

フリマアプリでものを売るときは、保護者に相談し、許可をもらってから行いましょう。

## クレジットカードの利用は慎重に

ネット上での取引には、クレジットカードがよく使われます。けれどもなかには、他人のクレジットカードの情報を集めることを目的につくられたサイトもあります。また、ショッピングサイトに不正にアクセスし、買いもの客のカード情報をぬすむ犯罪も多発しています。

カードの番号などが他人に知られると、知らないうちに使われ、持ち主に多大な請求がいくことがあります。口座振込や、商品が到着したときに代金を支払う「代引き（代金引換）」など、別の支払い方法を選ぶほうが安全です。

もちろん、保護者の許可なく、カードを使うのはやめましょう。

やってみよう！

# 信頼できるお店・サイトかチェックしよう！

ネットで買いものをするときは、そのサイトや販売をするお店が本当に信頼できるかどうか、よく確かめましょう。

- ☑ URLの左側に鍵マークがついていて「https」から始まっている。

- ☑ 代金の振込先が個人の名前ではなく、会社名になっている。

- ☑ 何かあったときに連絡できるメールアドレスや電話番号、住所が書かれている。

- ☑ そのサイトで買いものした人の口コミを読んでもおかしなところがない。

- ☑ 支払方法や支払い時期が書かれている。

- ☑ 商品が届く期日が書かれている。

- ☑ 発送状況が確認できる。

- ☑ 返品や交換ができるようになっている。できる場合の返品交換条件（未使用など）が書かれている。

## 鍵マークがついているのは SSLやTLSに対応しているしるし

SSL（Secure Sockets Layer）とTLS（Transport Layer Security）はネットでやりとりするときに個人情報やクレジットカード情報などの重要なデータを暗号化することで第三者によみとられないようにするしくみのことをいいます。SSL／TLSが採用されているサイトはアドレスバーに鍵マークが表示されています。

自分でリストをチェックしたうえで、保護者にも必ず確かめてもらおう。

# トラブルに巻きこまれてしまったら

## 商品が届かない！

支払いをすませても、商品が届かない場合は、まずはサイトに書いてある連絡先に電話してみましょう。

そのとき、注文日や支払い方法、注文番号を伝えられるとスムーズに進みます。購入手続きが終わったあとに表示される取引内容の確認画面は、スクリーンショットをとって保存しておき、いつでも確認できるようにしましょう。

注文番号は0001897
7月4日に注文
したんですが。

服のサイズがちがうなど、届いた商品が思っていたのとちがうという場合もあるので返品の条件をよく確かめるようにしましょう。

Zassi

中古雑誌や中古本でも返品不可の表示があるものもあるので、注意しましょう。

## 思っていた商品とちがった！

販売者が商品の欠点を伝えていなかったり、ちがう説明をのせていたりした場合は、契約を取り消せることが法律で定められています。返品することができ、お金がもどってくる可能性があります。保護者といっしょに連絡してみましょう。

ネット上で説明をよく読んでいても、実際の商品を見てみると、「色が思っていたよりうすい」、「思っていたより大きく見える」など、ちがった印象を受けることもあります。その場合も、送料を自分で払えば返品できることが多くなっています。ただし、サイトによっては、返品を受けつけていないと明記しているところもあり、その場合は返品できません。購入前に返品の条件についても、よく確認しましょう。

商品の種類によって返品できるもの、できないものの条件があるので、よく確かめておこう。

## 問い合わせても連絡がつかない！

取引にトラブルがあり、ショップに連絡をとろうとしても、応答がない場合は、消費者ホットラインに相談してみましょう。「188」に電話をかけ、音声ガイドに従って住んでいる地域の郵便番号を入力すると、近くの相談窓口につながり、話すことができます。

こんな大きなしみがあるって、聞いていないよ。返金してもらえるように交渉しよう。

## フリマアプリで買った商品が不良品だった！

フリマアプリで買った商品が、明らかに写真とちがうものだったり、状態がよくなかったりする場合は、取引を終了する前に、出品者に連絡し、返金してもらえるように交渉しましょう。

出品者から返事がなかったり、返金に応じてもらえなかったりしたときは、アプリを運営する会社に相談することもできます。商品の写真を撮影し、証拠として送ると、スムーズに対応してもらいやすくなります。

18歳になったらみんなも成人して、
自分でクレジットカードを持ち、
自分の責任で使えるようになるよ。
未成年のうちは、保護者が守ってくれるけれど、
成人になったらそうはいかないんだ。
トラブルに巻きこまれないように、
十分注意しよう。

## 問い合わせ先一覧

トラブルや困ったことがあったら、スクールカウンセラーや保健室の先生に相談しましょう。身近な人に相談できない場合には、電話やチャット、コミュニケーションアプリで相談できる窓口があります。

### 消費者ホットライン
**電話番号：188（消費者庁）**
商品を購入したり、サービスを利用したりしたときのトラブルについて相談できる窓口です。スマホゲームでの課金やフリマアプリでのトラブルなどについては、消費者ホットラインに相談してみましょう。

### 警察相談専用電話
**電話番号：#9110（警察庁）**
最寄りの警察署につながります。ほかの相談窓口に相談しても解決できない場合や、身の危険を感じた場合などには、警察署に相談しましょう。

### 子供のSOSの相談窓口（文部科学省）
https://www.mext.go.jp/a_menu/shotou/
seitoshidou/06112210.htm
いじめや友だち関係、先生のことなどについて相談できる窓口です。

### こどもの人権110番（法務省）
https://www.moj.go.jp/JINKEN/jinken112.html
先生や保護者に話しにくい相談や「まわりで困っている人がいる」といった相談にも答えてくれる相談窓口です。

### こどものネット・スマホのトラブル相談！
### こたエール（都民安全推進部）
https://www.tokyohelpdesk.metro.tokyo.lg.jp/
インターネットやスマホに関するトラブルについて、電話やメール、LINEで相談することができます。都内在住または、通勤、通学をしている人のための相談窓口です。

### 特定非営利活動法人
### チャイルドライン支援センター
https://childline.or.jp/
18歳までの子どものための相談窓口です。電話やチャットで相談することができます。

### 特定非営利活動法人 BONDプロジェクト
https://bondproject.jp/
10代、20代の女性のための相談窓口です。電話やLINEで相談することができます。

「こんなことで相談してもいいのかな？」と迷うときでも、まずは相談してみよう！

# さくいん

**監修者プロフィール**

# 竹内 和雄（たけうち・かずお）

兵庫県立大学環境人間学部教授。1987年神戸大学教育学部卒業。公立中学校に20年勤務し、生徒指導主事等を担当（途中、小学校兼務）。1999年兵庫教育大学大学院修了。博士（教育学）。2007年寝屋川市教委指導主事。2012年より現職。2007年読売教育賞優秀賞受賞。2012年日本道徳性発達実践学会研究奨励賞受賞。2014年ウィーン大学客員研究員。2022年、生徒指導提要（改訂版）執筆。生徒指導を専門とし、いじめ、不登校、ネット問題、生徒会活動等に重点的に取り組んでいる。総務省、内閣府等で子どもとネット問題についての委員を歴任。文部科学省「学校における携帯電話の取扱い等に関する有識者会議」座長。現在、本務の傍ら、ネット問題を中心に教職員や保護者向け講演を年間80回担当。著書に『10代と考える「スマホ」』（岩波書店）、『こどもスマホルール』（時事通信社）などがある。

「リスク」を知って、「自分」を守る！ スマホマインドの育てかた
社会とのコミュニケーション －著作権侵害、ネット上のデマ・トラブル

2024年1月5日発行　第1版第1刷©

監　修　竹内 和雄
発行者　長谷川 翔
発行所　株式会社 保育社
　　　　〒532-0003
　　　　大阪市淀川区宮原3-4-30
　　　　ニッセイ新大阪ビル16F
　　　　TEL 06-6398-5151　FAX 06-6398-5157
　　　　https://www.hoikusha.co.jp/

企画制作　株式会社メディカ出版
　　　　　TEL 06-6398-5048（編集）
　　　　　https://www.medica.co.jp/

編集担当　中島亜衣／二畠令子／佐藤いくよ
編集制作　株式会社 KANADEL
編集協力　野口和恵
校　　正　荒井 藍
装　　幀　有限会社 Zapp!
本文デザイン　有限会社 Zapp!
マ ン ガ　アベナオミ
キャラクター　アベナオミ
本文イラスト　十々夜
印刷・製本　株式会社精興社

ISBN978-4-586-08665-8　　　　　　　　　Printed and bound in Japan
乱丁・落丁がありましたら、お取り替えいたします。